LA
BIENFAISANCE

DUPE OU COMPLICE

DE LA CONTRE-RÉVOLUTION

DEPUIS 1789

JUSQU'A LA CIRCULAIRE DE M. DE PERSIGNY

PARIS

E. DENTU, LIBRAIRE-ÉDITEUR

PALAIS-ROYAL, 13 ET 17, GALERIE D'ORLÉANS

—

1861

LA

BIENFAISANCE

DUPE OU COMPLICE DE LA CONTRE-RÉVOLUTION

DEPUIS 1789

JUSQU'A LA CIRCULAIRE DE M. DE PERSIGNY

————————◆❈◆————————

La bienfaisance, pour s'exercer avec plus d'efficacité et d'étendue, a cherché un auxiliaire dans l'esprit d'association et s'est placée sous le patronage du héros de la charité chrétienne, Vincent de Paul, dont l'illustre président Mathieu Molé disait, avec tant de vérité : « Tous ceux qui veulent faire du bien aux hommes, pontifes, princes, magistrats, riches de tous les rangs, viennent se ranger à ses côtés, pour suivre les mouvements d'un cœur pur comme les ordres de la Providence. »

Gloire donc dans le ciel, et bénédiction sur la terre, aux membres des instituts philanthropiques qui se vouent au soulagement des misères humaines, soit par devoir religieux, soit par vertu sociale !

Mais l'esprit d'association s'est-il toujours tenu suffisamment en garde contre les surprises de l'esprit de parti, pour être bien sûr de n'avoir jamais suivi que *les mouvements d'un cœur pur comme les ordres de la Providence*, dans le cours de ses œuvres charitables ?

Malheureusement, l'histoire de la Révolution, ou plutôt de la *Contre-Révolution*, atteste que la bienfaisance a été mêlée trop souvent, à son insu, aux manœuvres de la politique.

1

Dès 1789, dans le plan proposé par Rivarol et adopté par M. de Laporte, l'organisation de l'aumône était mentionnée comme moyen d'action sur les classes pauvres de la capitale.

La part réservée aux *malheureux* dans le budget de la contre-rvolution avait été mise à la charge de la cassette royale. C'était sous la forme de *la bienfaisance* que l'on avait jugé convenable de faire intervenir directement la royauté dans le secours à tirer de *la misère des faubourgs* pour le succès des trames royalistes.

Plus tard, les incorrigibles ennemis des principes de 89 firent jouer encore un grand rôle à la philanthropie, dans leurs plans de conspiration. Voici, en effet, ce que révéla, en 1797, le principal membre de l'agence royaliste de Paris, Duverne de Presle :

« Le but que l'on se propose est le renversement du gouvernement actuel ; mais en évitant, autant que possible, que le changement d'ordre soit marqué par l'effusion du sang. *C'est dans la Constitution actuelle elle-même que l'on peut trouver le moyen de la détruire sans grande secousse. Les fréquentes élections offrent la possibilité de porter en majorité les royalistes aux places du gouvernement et de l'administration.*

« Pour obtenir la majorité des suffrages dans les assemblées primaires, il faut trois choses : 1° *forcer les royalistes d'y aller;* 2° *les forcer de réunir leurs suffrages sur des individus désignés;* 3° *faire voter dans le même sens qu'eux, cette classe d'hommes qui, sans attachement à un gouvernement plutôt qu'à un autre, aiment l'ordre qui garantit leurs personnes et leurs propriétés.* Afin de parvenir à ce triple but, il sera formé DEUX ASSOCIATIONS, L'UNE, COMPOSÉE DE ROYALISTES ÉPROUVÉS, *l'autre, des royalistes timides, des égoïstes, des indifférents.*

« Ces deux associations seront établies dans toute la France. Les agents ne doivent pas se laisser tromper par l'idée qu'il y a des parties où les dispositions sont telles que cet établissement est superflu. *Partout il y a des tièdes et des peureux, auxquels* L'INSTITUT PHILANTHROPIQUE *convient.*

« Pour en tirer le parti qu'on se propose, les commandants de chaque arrondissement s'attacheront à connaître le caractère et les opinions de tous les individus de leur canton ; chose facile. La Révolution a prononcé dans les départements le caractère de chaque individu, de manière à ce que chacun peut hardiment juger son voisin.

— 5 —

« Ils choisiront les royalistes les plus courageux et en formeront des compagnies dont la quantité et le nombre seront proportionnés aux moyens pécuniaires que les agents pourront destiner à ce service. Ils leur fourniront des armes et des munitions.

« Ces compagnies seront toujours prêtes à se rassembler ; elles le seront surtout dans le temps des assemblées primaires. *A cette époque, elles auront pour objet de repousser tout autre parti, armé ou non armé, qui voudrait s'opposer à la liberté des élections ; bien entendu qu'elles ne prendront jamais les armes les premières et qu'elles ne se montreront qu'avec* LES COULEURS RÉPUBLICAINES.

« *Elles auront encore un autre objet, celui de forcer par les menaces ou autrement, les membres de* L'INSTITUT PHILANTROPIQUE, *à se rendre aux assemblées primaires...*

« S'il arrivait que le succès des préparatifs militaires fût tel que l'on pourrait raisonnablement se flatter de *renverser immédiatement le gouvernement*, alors on renoncerait au moyen des assemblées primaires et l'on profiterait du moment favorable pour *arriver directement au but que l'on se propose*. C'est aux agents à juger dans quel cas il peut être convenable d'employer ce moyen.

« Enfin, *dès que les agents de Paris se croiront assurés que le* ROI *ne peut tarder d'être proclamé, soit par suite des mesures que prendront les conseils* (les assemblées nationales) *dans lesquels il y aura des partisans en majorité, soit par* LES MOYENS MILITAIRES, *ils lui enverront sur-le-champ un royaliste sûr pour lui en donner avis,* ET POUR RAMENER IMMÉDIATEMENT UN PRINCE DU SANG, *afin que dès le premier jour, s'il est possible, les royalistes aient* UN CHEF *qui fasse taire toutes les jalousies et les ambitions particulières.* »

« Pour préparer et développer ce plan, dit Duverne de Presle, il fallait des fonds, et l'Angleterre seule pouvait les fournir.

« M. de Précy a obtenu, par l'agence dont il est chargé, la permission de tirer sur M. Wickham, ministre d'Angleterre en Suisse, les fonds qu'il jugerait lui être nécessaires.....

« Et moi, j'ai obtenu 60,000 livres sterling pour nos dépenses préparatoires....

« Quoique le plan n'ait été définitivement adopté que très-récemment, quoique nulle partie des fonds que j'ai obtenus ne fût encore arrivée, il ne faut pas croire pourtant qu'il ne fût qu'à son ébauche. Tous les anciens éléments étaient ressemblés, et voici notre position :

« M. de Puisaye... étend ses intelligences depuis Brest jusqu'à Laval. Je crois qu'il compte sur plusieurs des corps qui sont employés dans cette partie.

« M. de Frotté se trouvait encore à Londres à l'époque de

mon départ, mais il comptait se rendre immédiatement en Normandie....

« M. de Rochecot, qui est chargé de préparer le Maine, le Perche et le pays chartrain, était dernièrement à Paris. C'est un jeune homme très-actif, très-intelligent. Son organisation militaire n'est que de quelques cents hommes, mais uniquement parce qu'il n'a pas eu assez d'argent pour s'en attacher davantage. Il nous assurait que, dans sa partie, tout le monde passait au delà de l'*Institut philanthropique* et voulait être de celui des *fidèles*.

« M. de Rochecot entretient des intelligences avec les corps répartis dans le Maine ; il en a même à Caen. (Il y a, relativement à lui, trois choses que je ne veux vous dire que verbalement.)

« M. de Bourmont ne fait que commencer ses fonctions depuis Lorient jusqu'à Paris. Dans cette partie, il y a beaucoup de *philanthropes*. Les royalistes sont plus rares.

« A Paris, il y a deux compagnies de formées : une d'elles est aux ordres de M. Frinville ; je ne connais pas le commandant de l'autre. Paris, comme vous l'imaginez bien, est le foyer de nos intelligences. Jusqu'à présent, nous n'avions pas essayé de corrompre à prix d'argent ; nous l'aurions tenté maintenant, afin de nous procurer des données sûres sur les projets du gouvernement. *Je vous ai dit que j'avais entre les mains le plan de descente en Irlande, ou plutôt le rapport de Carnot relatif à ce plan. Je sais bien comment on me l'a procuré, mais je ne sais pas qui* (probablement un *philanthrope*, puisque ce n'était pas à prix d'argent). *Je pourrais aisément le savoir.*

« Nous mettions beaucoup d'importance à gagner la police ; nous étions très-peu avancés à cet égard ; mais vous savez que *nous avions déjà fait un premier pas. Nous tirions aussi toutes les semaines un extrait du rapport des commissaires du pouvoir exécutif sur la situation de l'opinion dans les départements.*

« Je ne sais d'où nous venait l'opinion que le ministre de la police ne serait pas éloigné lui-même de nous servir, peut-être uniquement de ce qu'il passe pour modéré, et de la guerre que lui faisaient les Jacobins.

« Nous pensions de même du ministre de l'intérieur, et sans doute par la même raison (peut-être ces deux ministres étaient-ils *philanthropes*) (1).

---

(1) Des pièces justificatives étaient jointes à la déclaration de Duverne de Presle ; la pièce n° VI donnait le nom des ministres désignés par l'agence royale ; on y lisait :

Affaires étrangères. — M. Hénin, *ancien premier commis.*

L'intérieur. — Laisser Benezech.

. . . .

Police. — Laisser Cochon. On y mettra Portalis ou Siméon, si Baresseux est à la justice.

« Mais c'est dans les Conseils (les *Anciens* et les *Cinq-Cents*) que nous avons trouvé plus de facilités. Dès le mois de juin de l'année dernière, il nous fut fait des propositions au nom d'un parti qui se disait très-puissant. Nous les transmîmes au roi. On offrait de le servir a condition qu'il n'y aurait d'autre changement à la Constitution actuelle, que la concentration du pouvoir exécutif dans sa personne (les philanthropes parlementaires des deux Conseils acceptaient le rétablissement de la royauté légitime pourvu qu'elle s'engageât à leur conserver leur haute position).

« Le roi accepta le service, mais voulut discuter la condition. Il demanda, en conséquence, qu'on lui envoyât un fondé de pouvoirs. Depuis lors il n'a cessé de le demander ; mais le parti étant beaucoup plus faible qu'il ne s'était annoncé, a relâché ses prétentions, sans pourtant y renoncer entièrement. De notre côté, pensant à relever le trône *par le moyen même des deux Conseils*, nous avons jugé qu'ils resteraient maîtres d'imposer au roi leurs conditions, et nous n'avons pas insisté sur l'envoi.

« Il est parti, il y a environ deux mois, quelqu'un qui, à ce que je crois, a porté au roi la liste des membres qui désiraient la monarchie, et dont le nombre s'élève à 184. Je n'affirme rien sur ce fait.

« La veille ou l'avant-veille de notre arrestation, une personne était venue proposer de donner encore au roi une soixantaine de membres. *Elle s'engageait à obtenir une déclaration formelle du fils du duc d'Orléans portant qu'il ne prétend ni ne prétendra jamais au trône.* (La *fusion* est donc aussi ancienne que l'*Association philanthropique*).

« L'importance dont il pouvait être pour nous de gagner les corps attachés aux différents services à Paris, ajoutait Duverne de Presle, ne nous avait pas permis de négliger cette mesure. Nous avions eu quelque succès d'un côté, et il faut que nous nous flattassions d'un plus grand, puisque c'est à l'occasion des démarches où cet espoir nous a entraînés, que nous avons été arrêtés. Plusieurs de nos agents s'occupaient des administrations particulières. Un d'eux même m'a dit être sûr que *dix présidents d'administration municipale* étaient gagnés. Mais il ne faut pas ajouter une foi entière à ce dire : les *royalistes se sont toujours fait illusion sur le nombre de leurs partisans...*

« L'agence de M. de Précy est dans un état très-différent de la nôtre. Jusqu'à présent ses préparatifs n'ont été que militaires, et ce n'est que dernièrement qu'il vient d'adopter nos mesures politiques (l'*Institut philanthropique*, sans doute). Il est dans ce moment à Berne, d'où il reçoit continuellement les comptes que lui rendent les agents particuliers. Il en a dans tout le Midi. Dès l'année dernière, il avait beaucoup de peine à arrêter l'ardeur d'une partie d'entre eux qui voulaient à toute force se soulever. C'est à Lyon qu'il a le plus de partisans...

« Au nom près de quelques individus, vous voilà aussi instruit que moi-même dans le secret de la conjuration. Pour la déjouer, je suis très-convaincu qu'il suffirait de *publier ma lettre et les règlements des deux associations.* A cette lecture, vous verriez tous les royalistes rentrer sous terre, et pour ce moment vous pourriez être bien tranquille sur leurs entreprises. Mais il ne suffit pas qu'ils y renoncent pour un moment. Il faut leur en ôter pour toujours la pensée. Il faut faire tourner à l'avantage du gouvernement la découverte du complot actuel, et lui mettre entre les mains les fils sur lesquels on pourrait en tramer d'autres...

« Il va arriver deux choses : la première, que les royalistes, qui pensent que le gouvernement ne tient que les chefs de la conspiration et rien du tout de la conspiration même, et qui en même temps sont attachés aux principes de modération sur lesquels est fondé notre plan, vont vouloir le continuer. En conséquence, *ils proposeront au roi et aux Anglais d'envoyer tout uniment un ou plusieurs nouveaux agents pour nous remplacer, en marchant sur nos traces, mais avec plus de précautions encore.* L'autre chose, c'est qu'*un parti royaliste qui croit qu'il est impossible de renverser le gouvernement* AUTREMENT QUE PAR LES EXCÈS, *va se présenter à Londres et à Blanckenbourg pour demander qu'on lui remette des moyens dont nous allions faire un si mauvais usage,* PROMETTANT QUE, PAR L'ALLIANCE QU'IL CONTRACTERA AVEC LES JACOBINS, CES HOMMES ÉNERGIQUES, IL RAMÈNERA EN FRANCE LA TERREUR ET, A LA SUITE DE LA TERREUR, LE RÉTABLISSEMENT DU TRÔNE (1). Ce parti serait repoussé à Londres, s'il l'était à Blanckenbourg ; *mais il n'est pas sûr qu'il le soit dans cette dernière cour,* et alors le ministère anglais, pour ne pas paraître instruit sur les moyens, *laissera faire.* » (*Moniteur* du 9 septembre 1797, p. 1414 et suiv.)

---

(1) Ce parti était encore puissant, parmi les royalistes, en 1848, si l'on en juge par ce qui se passa avant, pendant et après les journées de juin. Le *Moniteur* du 29 septembre 1848 constate qu'un ancien garde du corps, le comte de Fouchecourt, pris derrière la barricade de la rue de Thorigny, où il commandait, fut condamné à vingt ans de travaux forcés, et que son fils, arrêté en même temps que lui, dit aux gardes nationaux, en présence d'un représentant du peuple. M. Bérard : « Je me battais comme mon père, *en apparence pour la république rouge,* MAIS EN RÉALITÉ POUR LA LÉGITIMITÉ, POUR HENRI V, bien convaincu que le bonheur du peuple est entre ses mains. » (*Moniteur* du 20 septembre 1848, p. 2505). On se rappelle que ces terribles journées furent amenées par la dissolution immédiate des ateliers nationaux, prononcée par l'Assemblée constituante sur la proposition d'une commission spéciale, dont M. de Falloux était le rapporteur. (*Moniteur* du 24 juin 1848, p. 1481.)

Duverne de Presle avait fait cette déclaration le 11 ventôse an V, et le Directoire avait négligé de suivre les conseils du révélateur, de *publier les règlements des deux associations et de rompre les fils par lesquels on pouvait tramer d'autres complots.* Les agences royales ne manquèrent pas de mettre à profit cette temporisation qui accusait l'impuissance du pouvoir exécutif.

Tandis qu'un conseil de guerre se contentait de condamner les conjurés de pluviôse comme *embaucheurs*, et laissait de côté le complot révélé par Duverne de Presle, les FIDÈLES, traînant à leur suite les *philanthropes*, se multipliaient dans les deux conseils et dans toutes les administrations jusques aux postes les plus élevés du gouvernement. Mais l'armée gardait une attitude moins encourageante pour les fauteurs de contre-révolution. Elle protesta énergiquement de toutes parts contre les manœuvres du royalisme. Les libérateurs de l'Italie donnèrent l'exemple, et leur cri d'indignation et de menace fut répété par les armées de Rhin-et-Moselle et de Sambre-et-Meuse.

Aux discours et aux menées des fusionistes de Clichy, Vaublanc, Pastoret, Willot, Pichegru, etc., la Révolution opposa la parole et l'épée des patriotes, Bonaparte, Hoche, Baraguay-d'Hilliers, Lannes, Ney, etc., etc. Les conspirateurs, qui se réservaient de renverser directement le gouvernement *par le moyen militaire*, et qui ne plaçaient qu'en seconde ligne le recours à *l'Institut philanthropique* dans les assemblées primaires, les conspirateurs se plaignirent amèrement de l'intervention des corps militaires dans les débats politiques. Ils voulaient bien s'arroger le droit de violer, eux, tous les principes et d'employer au besoin la force brutale la plus indisciplinée pour atteindre leur but; mais ils n'en criaient pas moins au scandale si le pouvoir qu'ils se proposaient d'attaquer militairement s'avisait d'appeler à son secours la force organisée. Le général Bonaparte, surtout, était devenu l'objet de leur haine et de leurs invectives. On peut en juger par ces quelques lignes, tirées des *Actes es Apôtres* et signalées à la tribune du Conseil des Cinq-Cents.

« Bonaparte, disait l'écrivain royaliste (Barruel Beauvert), n'est pas seulement général; il est président de tribunal révol - tionnaire, et serait, au besoin, exécuteur de la haute justice. Si ce républicain terminait sa carrière, je ne verrais que Sanson qui pût le remplacer. Au reste, que Bonaparte soit César ou Sanson, on assure qu'il vient d'écrire au Directoire : *Veni, vidi, fugi.* »

Quand on songe que ces outrages s'adressaient au soldat qui conduisait alors les armées françaises au pas de course, de Montenotte et de Lodi sur la capitale de l'Autriche, à travers les débris de quatre armées impériales, on comprend que les amis de la liberté de la presse aient été révoltés de ce dévergondage quotidien du journalisme réactionnaire, et qu'ils aient redouté pour elle une accusation de complicité avec la licence. Le langage furibond des conspirateurs, joint aux attentats journaliers dont les philanthropes contribuaient, sans s'en douter, à assurer l'impunité, avait fini, en effet, par lasser la patience et pousser à bout la modération des braves qui défendaient héroïquement la France nouvelle sur les champs de bataille.

« *A la destruction du club de Clichy !* s'écriait dans un banquet présidé par Bonaparte, le général Lannes, qui venait de recevoir trois blessures à Arcole. *Les infâmes ! ils veulent encore des révolutions ! Que le sang des patriotes qu'ils font assassiner retombe sur eux !* » — « *Grands politiques de Clichy,* disait à son tour le général Ney, dans une solennité civique, *daignez ne pas nous forcer à faire sonner la charge.* » Et l'adjudant-général Chasseloup, entraîné plus loin encore par son indignation contre la presse qui prêchait et justifiait chaque matin les brigandages commis pour la cause royale, ajoutait à son toast en l'honneur des journalistes patriotes : « *Périssent sous le bâton les écrivailleurs soudoyés de Blankenbourg et de Clichy !* »

« *Conspirateurs !* disait enfin l'armée d'Augereau dans son Adresse, *il est donc vrai que vous voulez la guerre : vous l'aurez, méchants, vous l'aurez..., vous qui nous faites un crime d'avoir garanti vos propriétés, éloigné de vos murs les fléaux de la guerre et sauvé la patrie. Tremblez! de l'Adige au Rhin et à la Seine, il n'y a qu'un pas : tremblez! vos iniquités sont comptées, et le prix en est au bout de nos baïonnettes.* »

Ces manifestations menaçantes des armées républicaines n'empêchaient pas les agences royales de fonctionner activement et d'élargir de plus en plus les cadres de la double association des *fidèles* et des *philanthropes.* Partout présent par ses agents, dans la société civile, le parti légitimiste déchirait sans ménagement les plus hautes renommées militaires, injuriait Bonaparte et calomniait Hoche (1), en même temps qu'il

______

(1) Hoche fut obligé de publier, au *Moniteur,* une protestation contre les mensonges de ses calomniateurs. Après les avoir réfutées par des faits incontestables, il s'écria : « J'ai poursuivi l'agiotage, les fripons, et c'est moi qu'on accuse ! Justes Dieux ! »

poussait Pichegru à la trahison. Nous savons trop comment il avait réussi auprès de ce dernier. Il est bon toutefois de relire au *Moniteur*, la réponse que le traître habile avait confiée à l'émissaire du prince de Condé, et qui se trouve relatée dans les papiers du comte d'Entraygues, saisis à Venise :

« Je ne ferai rien d'incomplet, avait dit Pichegru, je ne veux pas être le troisième tome de Lafayette et de Dumouriez ; je connais mes moyens, ils sont aussi sûrs que vastes. Ils ont leurs racines, non-seulement dans mon armée, mais *à Paris, dans la Convention, dans les départements, dans les armées de ceux des généraux qui pensent comme moi...* Mais il ne faut commencer la contre-révolution que lorsque l'on sera sûr de l'opérer promptement.....

« Pour y parvenir, j'offre de passer le Rhin où l'on me désignera. Je placerai dans les places fortes des officiers sûrs et pensant comme moi. J'éloignerai les coquins et les placerai dans des lieux où ils ne peuvent nuire... Cela fait, dès que je serai de l'autre côté du Rhin, je proclame le roi. J'arbore le drapeau blanc, le corps de Condé et l'armée de l'empereur s'unissent à nous ; aussitôt je repasse le Rhin et rentre en France. Les places fortes seront livrées et gardées, au nom du roi, par les armées impériales.

« Réuni à l'armée de Condé, je marche sur-le-champ en avant ; tous mes gens se développent alors de toutes parts, et nous marchons sur Paris, où nous serons dans quatorze jours. Mais il faut que vous sachiez que pour le soldat français, la royauté est au fond du gosier. Il faut, en criant *vive le roi !* lui donner du vin et un écu dans la main. Il faut que rien ne lui manque en ce premier moment (1). »

Le prince de Condé avait repoussé le plan de Pichegru, et ce général, infidèle à ses serments et à sa gloire, devenu membre du Conseil des Cinq-Cents, grâce à l'influence des *Fils légitimes* et de l'*Institut Philanthropique*, se flatta d'opérer la contre-révolution, en dépit des armées républicaines, avec le seul concours des compagnies secrètes et des associations charitables de l'intérieur appuyées sur les affiliations parlementaires. Telle était, en effet, à cette époque la situation de la France, que les

---

(1) A la suite de la pièce trouvée dans le portefeuille du comte d'Entraygues, le *Moniteur* du 9 septembre 1797 publie l'attestation suivante :

« Je certifie que ce cahier a été trouvé dans le portefeuille de M. d'Entray-« gues, en présence du général en chef Bonaparte et du général Clarke, coté « et paraphé par moi. — Montebello, le 5 prairial an V de la république.

« Le général divisionnaire, chef de l'état-major général, *signé :* BERTHIER. »

officiers et soldats de l'armée de Rhin-et-Moselle pouvaient dire, dans une adresse au Directoire, sans crainte d'être démentis par personne :

« La *terreur royale* a été substituée à la *terreur anarchique* dont nous sommes également les ennemis : tels sont ses effets, que les tribunaux acquittent les assassins et les conspirateurs, alors qu'ils frappent sans pitié tout ce ce qui est soupçonné patriote, acquéreur de biens nationaux ou seulement ami modéré de la Constitution » (*Moniteur* du 27 août 1797, p. 1359.)

Le royalisme, au moyen de son organisation secrète, avait fait pénétrer et prévaloir partout l'esprit et le personnel de la contre-révolution, depuis la plus petite commune de France jusque dans les grandes assemblées de la nation.

Ainsi se trouvaient remplies les instructions consignées dans une note remise à Blanckenbourg en 1796, par Louis XVIII, au chevalier Duvernay, et sur laquelle on lisait :

« Le roi a appris avec la plus vive satisfaction que ses agents à Paris, en s'occupant efficacement de rallier à lui les membres des deux conseils et de l'administration actuelle, n'ont jamais cessé d'avoir en vue le grand but vers lequel doivent se réunir tous les intérêts bien entendus...

« Parmi tous les moyens d'accroître l'influence du parti dont les agents du roi *entretiennent et excitent les discours*, il en est trois principaux :

« Écarter efficacement de l'administration les régicides, leurs chefs et ceux des jacobins ;

« Travailler à assurer les succès des nouvelles élections ;

« Gagner et ramener le plus grand nombre qu'il sera possible des membres du parti connu aujourd'hui sous la dénomination du *ventre*.....

« Le roi voudrait que vous lui fissiez parvenir des éclaircissements plus étendus sur la consistance du parti dont vous exposez les intentions, particulièrement sur la *connexion* que vous avez annoncée dans la lettre du 25 mai, avec une des deux armées, et sur *l'association* qui paraît formée depuis peu et que vous ne faites qu'indiquer dans votre nouvelle lettre.

« *Signé* : Louis. »

(*Moniteur* du 9 septembre 1797, p. 1416.)

La *connexion* et *l'association* qui excitaient à bon droit la curiosité de l'auguste prétendant firent de rapides progrès, et les *fidèles*, chargés de conduire et de diriger les *philanthropes*, assurèrent si bien le succès des nouvelles élections et l'éloignement des *jacobins* des fonctions politiques, que le ministre de l'intérieur, poussé à bout par les excès de la terreur royale, se crut obligé, le 15 fructidor an V (1ᵉʳ septembre 1797), d'adresser une circulaire aux administrations centrales et municipales pour se plaindre de leur inaction au milieu des attentats commis chaque jour sur la personne ou les propriétés des amis de la révolution.

« Il y a quelques mois que la patrie était tranquille, disait le ministre, quel esprit ennemi souffle dans vingt départements la discorde et le brigandage ? Quelle furie a secoué ses torches sur la France ?

« Et vous, organes de la loi, vous, chargés spécialement de l'important dépôt de la tranquillité publique, qu'avez-vous fait pour son maintien ? Où sont vos arrêtés, vos circulaires, vos démarches, vos moyens d'assurer la paix et le repos de vos administrés, de faire rentrer les impôts, de soutenir l'esprit public?... Et quand la renommée est lasse de raconter les meurtres et les assassinats qui se commettent sous vos yeux, comment vous justifierez-vous de n'avoir pu les prévenir ou de n'avoir pas même osé les faire constater? » (*Moniteur* du 12 septembre 1797, p. 1431.)

A l'heure même où le ministre du Directoire signalait l'ubiquité administrative de l'esprit de contre-révolution, la faction de Clichy s'efforçait, dans les deux conseils, de mettre à profit la présence de ses affiliés dans toutes les administrations centrales ou municipales pour organiser une garde nationale imbue des principes de ses compagnies secrètes, et qu'elle pût opposer aux armées dont elle redoutait par dessus tout le patriotisme. Quelques républicains sincères et abusés lui prêtèrent leur appui. Ils invoquèrent la liberté pour les écrivains qui outrageaient les défenseurs de la patrie en même temps qu'ils soulevaient les passions homicides contre les patriotes de l'intérieur. Ils contribuèrent, sans le vouloir, à entraîner le pays dans ce courant réactionnaire qui faisait dire alors au comte de Maistre, dans ses *Considérations sur la France* : LE ROI VIENDRA, VERRA ET VAINCRA ; ils servirent aveuglément d'auxiliaires au parti dont l'un des principaux organes, le comte d'H......, envoyait de Paris à l'étranger des rapports qui annonçaient aux émigrés le triomphe prochain de la contre-révolution dans la capitale même.

Ces rapports furent dénoncés au Directoire par le ministre plénipotentiaire de la République à La Haye, dans une lettre du 16 fructidor. L'agent diplomatique s'exprimait ainsi sur le meneur légitimiste :

« Il est à Paris, et a écrit ici plusieurs lettres à Mᵐᵉ Nadaillac, au comte d'Escars et à Saint-Maixant, dans lesquelles il fait un tableau de Paris, du Directoire et des conseils, qui rehausse prodigieusement les espérances des émigrés et des prêtres. La Nadaillac remet ces lettres à Mme de R.... qui les fait lire au roi; elle me les a montrées aussi, et l'abbé Dela.... les débite comme des reliques à tous les croyants contre-révolutionnaires. Cela fait le plus grand effet, excepté sur Haugwitz, qui en hausse les épaules. » (*Moniteur* du 12 septembre 1797, p. 1430).

L'événement prouva, deux jours après, que Haugwitz comprenait mieux que de Maistre la puissante vitalité de la nouvelle France. La conspiration royaliste avait rendu inévitable le coup d'État révolutionnaire. Les agences royales et les associations philanthropiques furent passagèrement troublées sans doute : les premières dans leurs embauchages parlementaires, administratifs et militaires; les secondes, dans le concours charitable qu'elles apportaient aveuglément aux manœuvres de la contre-révolution. Mais le parti royaliste, toujours plein d'illusions malgré ses échecs, ne licencia ni ses *fidèles* ni ses *philanthropes*. Il avait été pourtant cruellement déçu dans ses espérances, et il en ressentait une douleur bien amère dont on trouve encore les traces dans cette lettre écrite quelques semaines après le 18 fructidor par le conseiller intime de Louis XVIII, M. d'Avaray, à l'illustre prophète de la contre-révolution, M. de Maistre :

« Blanckenbourg, 28 septembre 1797.

« Sans doute, M. le comte, le roi aurait fait avec le plus grand plaisir la démarche que vous désirez de sa part ; mais *le terrible événement du 4 septembre* ne lui en laisse pas les moyens, et c'est un nouveau regret pour lui de perdre ainsi l'occasion qu'il aurait eu de vous donner un témoignage particulier de sa satisfaction, je puis dire, de sa reconnaissance.

« Le roi a considéré cependant que la distribution de votre ouvrage dans l'intérieur du royaume, ne peut se faire sans un surcroît de dépenses, et il m'a chargé de vous faire passer cinquante louis dont vous disposerez comme vous le jugerez convenable. Cette somme vous donnera, non pas la mesure de son estime pour vous, mais celle du fâcheux état de ses finances; j'ai été obligé de retarder ma réponse, pour attendre une lettre de change que je ne pouvais tirer que de Hambourg.

« C'est un léger inconvénient que mes observations vous soient arrivées trop tard, pour trouver place dans la seconde édition de votre ouvrage. Ce qui me fait bien plus de peine, c'est que vous n'ayez pu y ajouter un chapitre sur l'*affreux événement du 4 septembre.* Il serait à souhaiter que vous eussiez lié cette *catastrophe* au plan de votre ouvrage, qu'elle semble déranger. C'est un sujet bien important à traiter, mais que nul écrivain ne peut traiter mieux que vous.....

« Voilà, M. le comte, une matière bien digne de votre plume énergique et profonde ; agréez les vœux que je forme pour vous voir la traiter, et les sentiments avec lesquels j'ai l'honneur d'être votre très-humble et très-obéissant serviteur. »

Signé : le COMTE D'AVARAY.

(*Moniteur* du 14 novembre 1797, p. 216.)

II

L'histoire des affiliations occultes est difficile à connaître; leurs éléments et leurs institutions restent cachés et ne se révèlent que par accident. Rien n'indique, par exemple, que l'association royaliste, vaincue en fructidor, ait conservé ou changé, après sa défaite, ses dénominations et ses formes; mais tout démontre que son but et ses moyens restèrent les mêmes, et que la contre-révolution maintint à l'état d'organisation, avec une persistance que rien ne lassait, les deux éléments dont elle avait imaginé l'ingénieuse combinaison, la guerre civile et la bienfaisance, pour les faire servir également au succès de ses machinations. Sous le Consulat, les débris des compagnies de l'an V infestèrent à tel point quelques départements, que la juridiction ordinaire fut jugée insuffisante pour réprimer le brigandage; et lorsque la machine infernale éclata, la police fut empêchée tout d'abord de mettre la main sur les vrais coupables parce qu'ils avaient trouvé un asile chez des personnes trop charitables.

« *L'espèce de cet asile,* disait le ministre dans son rapport aux consuls, *est une circonstance remarquable de cette affaire ; c'est une maison occupée par des ci-devant religieuses,* rue Notre-Dame-des-Champs : mesdames de Goyon, de Cicé et plusieurs autres se trouvent compromises. » (11 pluviôse an IX).

A la veille de l'établissement de l'Empire, les *fidèles,* qui comptaient sans doute sur la masse de leurs *philanthropes,* voulurent reprendre la tradition de la machine infernale et assassiner le Premier Consul.

Rien ne constate, il est vrai, que l'institut philanthropique de l'an V existât encore en 1804, sous son nom primitif ou sous toute autre dénomination; mais ce qui est certain, c'est que les conspirateurs royalistes s'étaient assurés du concours de Moreau qui se trouvait alors à la tête d'une espèce de franc-maçonnerie militaire, appelée la société des *Philadelphes* et dont les principes de fraternité républicaine s'accommodaient fort bien de l'alliance des chefs légitimistes tels que Georges, Pichegru, Polignac, Rivière, etc. Ce qui n'est pas moins incontestable, c'est que tandis que le philadelphe Moreau attendait impatiemment en Amérique le moment de revenir en Europe pour marcher sous le drapeau russe contre la France, le philadelphe Mallet conspirait à Paris pour le rétablissement des Bourbons sous l'inspiration de MM. de Polignac et de l'abbé Lafon.

A cette même époque, une *agence royale*, ayant dans son sein de hauts fonctionnaires, siégeait tranquillement à Paris, tandis que les *fidèles*, traînant toujours à leur suite la masse des tièdes, s'apprêtaient à introduire les Anglais et les Bourbons dans Bordeaux, et que l'Empereur Napoléon, au milieu des prodiges de la campagne de France, se trouvait réduit à écrire à son frère Joseph : « *Partout j'ai des plaintes du peuple contre* LES MAIRES ET LES BOURGEOIS, *qui l'empêchent de se défendre.* » (Toujours les *philanthropes* qui venaient en aide aux *fidèles*.)

A la veille de Waterloo, le général Bourmont qui avait eu tant de *philanthropes* sous sa direction, dans son commandement de l'an V, d'après les révélations de Duverne de Presle, et qui avait été placé à la tête d'une division de l'armée impériale pendant les Cent-Jours, abandonna son commandement et son drapeau pour passer en Belgique; et Napoléon, s'accusant trop tard de son excessive confiance, s'écria, en s'adressant au maréchal Ney qui s'excusait d'avoir répondu de l'ancien chef vendéen : « ALLEZ, MONSIEUR LE MARÉCHAL, LES BLEUS SERONT TOUJOURS BLEUS, ET LES BLANCS TOUJOURS BLANCS. »

III

Le roi une fois rétabli sur son trône, les *fidèles* et les *philanthropes*, ou leurs continuateurs sous d'autres noms, s'empressèrent-ils de briser, comme désormais superflues, leurs associations militaires ou charitables, et les agences occultes de la royauté légitime se trouvèrent-elles dissoutes de plein droit dès qu'il n'y eut plus ni République ni Empire à renverser, directement ou indirectement, et que l'invasion étrangère eut rempli la tâche dès compagnies royalistes et des instituts philanthropiques ?

Il n'y avait plus en effet de gouvernement d'origine populaire à renverser, mais il y avait un gouvernement de tige féodale à dominer, à diriger, à exploiter au profit des hommes et des idées rétrogrades. Le système des affiliations et des agences secrètes fut donc maintenu, et pour le rendre plus respectable et plus efficace, on le couvrit d'un manteau religieux.

Ce manteau s'était trouvé tout prêt, quand l'ancien régime, ramené aux Tuileries par l'invasion étrangère, avait eu besoin de cacher ses allures et ses plans réactionnaires ; il semblait avoir été tenu en réserve, dans la fameuse *congrégation*, dont l'origine a été indiquée d'une manière précise par un historien de la Restauration.

« Sous la République, dit M. Vaulabelle, lorsque l'exercice public du culte catholique était interdit..... quelques catholiques fervents, membres pour la plupart de l'ancienne aristocratie, se livraient secrètement aux pratiques du culte sous la direction d'un ancien jésuite, l'abbé Delpuits, autrefois attaché à la maison Doudeauville. La salle de la bibliothèque de l'ancien séminaire des missions étrangères, vendu comme bien national et acheté par une demoiselle de Saron, était le lieu ordinaire des réunions. Dans tous les temps, les jésuites, par une prescription des règles de leur ordre, s'efforçaient de créer autour d'eux des assemblées particulières de séculiers auxquelles ils donnaient le nom de *congrégation*, et dont les membres étaient vulgairement désignés sous la dénomination de *jésuites à robe courte*.... La mort de mademoiselle de Saron et du P. Delpuits n'avait apporté aucun changement dans la position de la Société. Une demoiselle de Polignac, ancienne religieuse instituée légataire universelle de mademoiselle de Saron, lui avait succédé dans la propriété de l'ancien séminaire des missions ; un abbé Legris Duval, prêtre attaché à la famille Doudeauville, demeurant chez elle et précepteur de l'héritier de cette maison (M. Sosthène de La Rochefoucauld) remplaça le P. Delpuits dans la direction religieuse de la Congrégation.

« L'association, ajoute l'historien, était encore peu nombreuse lors des événements de 1814 ; ses principaux membres, MM. de Doudeauville, Mathieu de Montmorency et de Rougé frères, se bornèrent alors à lui chercher des prosélytes parmi les nouveaux princes et les personnes de leur entourage,

Louis XVIII consentit des premiers à figurer parmi ses membres ; le comte d'Artois, M. Jules de Polignac et M. Alexis de Noailles, suivirent l'exemple du roi. L'action de la Société, concentrée à Paris, ne se révéla toutefois par aucun acte extérieur..... Ce fut le hasard seul des élections qui, ayant amené quelques-uns de ses membres à la Chambre, entre autres MM. de Puyvert, Castelbajac, de Roujet et l'avocat Piet, permit à plusieurs d'entre eux, habitant Paris, d'attirer dans leurs salons les collègues assis le plus près d'eux dans l'assemblée, ainsi qu'un certain nombre de députés de province sans relations à Paris et embarrassés de leur isolement. Cette circonstance facilita l'accroissement de l'association ; MM. de Villèle, Corbière, de Bouville, de Marcellus et de Puymaurin ne tardèrent pas à en faire partie, une sorte d'engagement verbal, l'inscription du nom sur une liste, étaient le mode ordinaire d'affiliation.....

« En devenant ainsi société politique, la Congrégation agrandit son but : ses chefs résolurent d'en utiliser l'influence, non plus seulement au profit de ses membres, mais des intérêts généraux du catholicisme, et ce fut à dater de ce moment (derniers jours de 1815) que tous leurs efforts tendirent à faire restituer, par la Chambre, à l'Église et au clergé, la puissance qu'ils avaient perdue. » (*Hist. de la Rest.*, IV, p. 74 et suiv.)

Une pareille association, parée des insignes de la religion, appuyée sur la haute naissance, la grande propriété, l'Église romaine et le clergé français, devait aspirer et parvenir tôt ou tard à établir partout sa suprême et ténébreuse influence et à gouverner le gouvernement lui-même. En 1820, une voix courageuse s'éleva du sein d'une cour souveraine pour dénoncer à la France l'existence d'un comité directeur, correspondant de Paris avec de nombreux agents répandus sur toute la surface du royaume, et constituant un véritable gouvernement clandestin en face du gouvernement constitutionnel. A l'appui de cette importante révélation, l'énergique magistrat, M. Madier-Monjau, affirmait que, dans la journée du 18 février 1820, une *circulaire* émanée de ce comité, était arrivée à Nîmes sous le *n°* 34, et portait entre autres choses : « *Ne soyez ni surpris ni effrayés, quoique l'attentat du 13 n'ait pas amené sur le champ la chute du favori, agissez comme s'il était déjà renversé ; nous l'arracherons de ce poste, si l'on ne consent pas à l'en bannir : en attendant, organisez-vous ; les avis, les ordres et l'argent ne vous manqueront pas.* » Dans une autre *circulaire* sous le *n°* 35, on lisait les instructions sui-

vantes : « *Nous vous demandions, il y a peu de jours, une attitude imposante : nous vous recommandons aujourd'hui le calme
et la réserve les plus soutenus. Nous venons de remporter un
avantage décisif en faisant chasser Decazes. De grands services
peuvent nous être rendus par le nouveau ministère ; il faut donc
bien se garder de lui montrer des sentiments hostiles. Nous vous
le répétons : du calme, le plus grand calme. Il faut diriger tous
vos soins vers les adresses. Il est très-fâcheux que sur ce point
les libéraux nous aient prévenus, et que leurs adresses soient ré-
digées avec une infernale habileté ; cela nous prouve de plus
combien ce parti doit s'entendre d'un bout de la France à l'autre.
De notre côté, ne cessons pas de nous entendre. Il faut que nos
adresses soient nombreuses ; faites en jusque dans les hameaux,
et qu'à côté des sentiments de douleur se trouve énergiquement
exprimée la nécessité de venger un attentat et* D'ANÉANTIR LES
DOCTRINES LIBÉRALES. » (*Moniteur* du 26 avril 1820, p. 549.)

Le magistrat qui avait saisi la Chambre élective de cette importante révélation, s'était plaint amèrement de l'impunité que le
patronage des puissances occultes assurait à de grands crimi-
nels et il avait cité particulièrement l'exemple du monstre dont
l'horrible surnom rappelait qu'il coupait ses victimes en trois
parts. Un ministre, qui avait été l'un des chefs de l'ancienne faction de Clichy, répondit :

« Le pétitionnaire demande que le nommé *Trestaillons* (1)
soit poursuivi : il l'a été... » Le ministre rappela ensuite l'ac-
quittement de cet atroce scélérat, et le respect dû à la chose
jugée. Mais le pétitionnaire n'avait rien proposé de contraire à

---

(1) A la session précédente, M. de Serre, garde des sceaux, avait signalé
en ces termes le scandale et les causes de l'impunité dont jouissait le plus
exécrable des assassins :

« Un homme, avait dit l'éloquent ministre, un homme dont l'horrible surnom coûte à prononcer, Trestaillons et ses co-prévenus sont poursuivis comme
auteurs de plusieurs assassinats : ils sont traduits à Riom, où l'on espérait une
justice plus indépendante : *il a été impossible d'obtenir la déposition d'un seul
témoin contre eux ;* LA TERREUR LES AVAIT GLACÉS. Les témoins à décharge, en
revanche, se présentaient en foule. Ces prévenus, faute de preuves ont été
rendus à la liberté. » (*Séance de la Chambre des députés* du 23 mars 1819.)
Et Trestaillons, mort paisiblement dans son lit, fut accompagné à sa dernière
demeure par la foule des pieux philanthropes qui le revendiquaient comme
leur co-religionnaire dans l'ordre spirituel et temporel, et qui l'avaient sauvé
de l'échafaud en faisant taire les témoins à charge et parler les témoins à décharge.

ce respect. Tous les forfaits de Trestaillons n'avaient pas été suivis de poursuites. « Faut-il, ajouta le ministre, par une nouvelle procédure, réveiller les passions dans un pays où elles ont eu déjà une trop funeste explosion? »

M. de Saint-Aulaire, après avoir fait justice de cette timidité devant les passions homicides, soutenues par une main invisible, finit par s'écrier :

« Une partie de la société semble reconnaître une autre loi que la loi, un autre gouvernement que le gouvernement, je dirai plus, un autre roi que le roi lui-même. »

(*Moniteur* du 26 avril 1820, p. 544 et suiv.)

Cette *puissance* OCCULTE, *qui se faisait sentir partout sans se montrer nulle part*, selon l'expression de M. Vaulabelle, s'était rapidement étendue et fortifiée depuis 1816. Des associations secondaires, sorties de son sein, étaient gouvernées par elle. Telles étaient *la Société des bons livres, la Société des bonnes études, et l'Association pour la défense de la religion catholique*, toutes également destinées à faire prévaloir en religion et en politique les idées et les hommes de la Congrégation.

« Les femmes, dit l'historien que nous venons de citer, n'étaient pas oubliées dans les efforts de cette propagande; les chefs de la Congrégation avaient institué pour elle des confréries vouées à *l'adoration du sacré cœur de Jésus* et *du sacré cœur de Marie*. Ces confréries ne donnaient pas seulement aux doctrines du P. Ronsin (le successeur de l'abbé Legris Duval à la direction spirituelle de la Congrégation) et aux membres de son ordre des prosélytes ardentes et dévouées; la Société de Jésus y trouvait encore une source abondante de revenus qui lui étaient fournis par des quêtes incessantes, des legs et des donations.

« Enfin, une *Association de Saint-Joseph* était destinée à étendre l'action de la Société parmi les ouvriers sans travail et les domestiques sans emploi.....

« Le siége principal de la Société était resté aux missions étrangères..... Son organisation était celle-ci : Pour la Société prise dans l'ensemble de ses différentes réunions de Paris et de la province, un directeur-général spirituel, le P. Ronsin, et sous le nom de premier et de deuxième *coryphées*, deux directeurs laïques, MM. Jules de Polignac et Mathieu de Montmorency.... Les séances de l'Association des missions étrangères ne différaient des séances des autres groupes *congréganistes* de Paris et des départements que par le caractère exceptionnel qu'elles empruntaient au rang élevé de son directeur et à la position sociale de ses membres.... Comme toutes les sociétés secrètes, la Congrégation avait son mot de reconnaissance et son signe de ralliement. »

Louis XVIII était entré dans cette Société, selon M. Vaulabelle, lorsque, *dépourvue de tout caractère politique, elle ne constituait encore qu'une simple agrégation d'hommes pieux, une sorte d'*ASSOCIATION D'ASSISTANCE MUTUELLE ET DE SECOURS. (*Hist. de la Rest.* v. 126 et suiv.)

Mais dès 1820, la société *charitable* était devenue une société secrète essentiellement *politique*. Ses *coryphées* formaient le gouvernement occulte qui tenait tous les pouvoirs publics dans un assujettissement complet à ses vues réactionnaires en attendant de s'emparer du gouvernement officiel. Avec Charles X la Congrégation monta sur le trône. La France nouvelle s'en aperçut bientôt, et Dieu voulut que le cri d'alarme fût poussé par l'un des plus anciens et des plus fidèles serviteurs des Bourbons, le comte de Montlosier, dans une dénonciation solennelle où on lisait les lignes suivantes :

« Il est constant qu'il existe dans toute la France un système de congrégations, qui partout se correspondent ou manœuvrent pour se correspondre. L'on dissimule depuis quelque temps les directions politiques ; a-t-on réussi à les réduire à de simples rites ? je l'ignore ; mais voici ce que je sais :

« Je sais que ce système plus ou moins favorisé, plus ou moins dissimulé, porte le trouble partout.

« Je sais que la France entière est imbue de l'opinion qu'elle est gouvernée aujourd'hui, non par son roi et par ses hommes d'État, mais comme l'Angleterre des Stuarts, par des jésuites et par des congrégations (1).

---

(1) « Il ne suffit pas à la congrégation, disait M. de Montlosier, de s'être emparée des postes, des deux polices, et d'avoir en quelque sorte soumis le ministère. Sa dissémination dans toutes les parties du royaume donne lieu à un nouveau système de surveillance. L'espionnage était autrefois un métier que l'argent commandait à la bassesse. Il fut commandé à la probité.

« Les classes inférieures de la société furent traitées à cet égard comme les classes supérieures. *Au moyen d'une association dite de* SAINT-JOSEPH, *tous les ouvriers sont aujourd'hui enrégimentés et disciplinés ;* il y a dans chaque quartier une espèce de *centenier* qui est un bourgeois considéré dans l'arrondissement.

« En même temps que les ouvriers ont été disciplinés, on n'a pas négligé les marchands de vin. Quelques uns d'entre eux ont été désignés pour donner leurs boissons à meilleur marché.. Il n'y a pas jusqu'au placement des domestiques dont on a eu soin de s'emparer. J'ai vu, à Paris, des femmes de chambre et des laquais qui se disaient *approuvés par la congrégation.*

« Les villages de la campagne, les officiers de la cour, la garde royale n'ont

« Je sais qu'il y a sur ce point, chez les uns un mouvement de douleur, chez d'autres un mouvement de dérision, chez le plus grand nombre un sentiment de honte qu'une nation ne peut longtemps supporter.

« Je sais que cette disposition, que la fidélité au roi de la part des membres actuels du gouvernement devrait chercher à repousser, en repoussant les rumeurs qui l'entretiennent, est négligée par ceux-ci comme insignifiante, et que les rumeurs sont propagées par ceux-là comme utiles.

« Je sais que de grands personnages, au plus haut de l'État, et encore d'autres dans un degré inférieur, qui appartiennent plus à la vie monastique qu'à la vie chrétienne, loin de gémir de cet état de choses, s'en applaudissent et le secondent de toutes leurs forces.

« Je sais que la plupart des évêques marchent avec ardeur dans cette direction, et que dans beaucoup de villes, de préfectures, des coteries particulières sous leur direction ne cessent de tourmenter, et finalement de dominer les dispositions des préfets, pour les faire entrer bon gré, malgré dans leurs vues.

« Je sais que les préfets se plaignent *tout bas*. Je dis tout bas, dans la persuasion où ils sont, d'après beaucoup d'exemples, que la moindre dissidence de leur part sera, auprès du gouvernement, un sujet de disgrâce.

« Je sais que des magistrats très-royalistes et très-pieux, soit à Paris, soit dans les provinces, sont effrayés.

« Je sais qu'auprès du roi, des personnes qui lui sont ardemment dévouées, lesquelles avaient, dans le principe, partagé ces vues, sont aujourd'hui dans la terreur, et qu'au plus haut on n'est pas rassuré.

« En fin je sais que parmi les ministres, quelques-uns qui caressent ces dispositions qu'ils n'osent combattre, prennent dans leur intérieur des précautions pour échapper à leurs effets.

« Dans une telle situation, si nous étions encore sous l'ancien régime, je verrais aujourd'hui devant moi des parlements, de grandes corporations, de grandes institutions. Je saurais où me réfugier, je saurais, pour la défense de mon roi et de mon pays, où chercher des armes ; aujourd'hui je ne le sais pas.

« J'apprends en ce moment par un recensement nouvellement fait, que la congrégation renferme quarante-huit mille individus. Le moyen, dit un personnage congréganiste, de résister

pu échapper à la congrégation... Je ne sais rien de positif sur la Chambre des pairs. Pour la Chambre des députés, au mois d'avril dernier (1826), le public y comptait tantôt cent trente membres de la congrégation, tantôt cent cinquante. Un député, membre de la congrégation, que j'ai pu interroger, ne m'en a accusé que cent cinq, » (*Mémoire à consulter*, pages 34 et suiv.).

à une pareille congrégation. » (Montlosier, *Dénonciation au roi*, pag. 116, 117, 118).

A la voix du féodal gallican, se joignit bientôt celle d'un philosophe libéral, Royer-Collard ; mais la France eut beau applaudir au courage de ces deux hommes célèbres, et faire nommer le philosophe dans sept colléges, pour témoigner avec plus d'éclat de son adhésion complète a l'avertissement qu'il avait donné à la couronne et à la nation, les *coryphées* de la Congrégation ne se découragèrent jamais, et *le premier* d'entr'eux, M. de Polignac, finit par se charger de l'explosion de la mine contre-révolutionnaire activement creusée depuis quinze ans.

La punition ne se fit pas attendre. Mais les congrégations, les associations politico-philanthropiques et religieuses, avaient poussé de telles racines dans le sol de la France, que les révolutions de 1830 et de 1848 ne purent empêcher le royalisme, plus ou moins déguisé, de rester maître de ces derniers asiles de l'esprit rétrograde. Sous prétexte de propager la *foi* et la *charité*, ce parti ne cessa pas, en effet, de les faire servir l'une et l'autre à la propagation de ses espérances politiques et à l'exécution de son programme réactionnaire.

Sous le roi Louis-Philippe, qu'on a appelé pourtant le *dernier des Voltairiens*, « le pouvoir mystérieux de la fameuse congrégation, dit un historien, pesait sur des ministres sceptiques, que n'excusait aucune conviction religieuse, mais qui se sentaient avertis par les ménagements du roi et par le fanatisme de la reine. Depuis plusieurs années, de nombreuses réclamations s'étaient élevées au sein de la presse, du Parlement et de l'Université, contre les envahissements progressifs d'une institution proscrite qui dominait dans les conseils du gouvernement ; et à mesure que les plaintes se multipliaient, se multipliaient aussi *les repaires de l'illégalité*. Une puissante hiérarchie occupait tout le territoire, divisé en deux provinces, *la province de Lyon et la province de France* (1)..... Les amis de la liberté étaient justement alarmés ; ils résolurent de reprendre l'offensive contre le vieil adversaire qui avait profité de leur sommeil

(1) Nous croyons devoir faire remarquer que cette division en *deux provinces*, celle de Lyon et celle de France, représente exactement la division de la France, en l'an V, en deux *agences royales* : l'une comprenant le Lyonnais, la Franche-Comté, l'Auvergne et tout le Midi, sous l'autorité d'un chef résidant à Lyon; l'autre, s'étendant sur tout le reste de la France et dirigée par les agents de Paris. Nous ajouterons que différentes procédures criminelles ont démontré, depuis 1848, que pendant toute la durée de la monarchie de

pour reprendre des forces. Ce fut M. Thiers qui s'en chargea. Le 2 mai (1845) il vint à la tribune réclamer L'EXÉCUTION DES LOIS...

« M. Berryer, ajoute l'historien, attaqua l'existence même des lois sur les congrégations, et fit appel au principe de liberté.

« C'était l'argument ordinaire des légitimistes depuis qu'ils étaient les plus faibles. » (ELIAS REGNAULT. — *Hist. de Huit ans*, III ; page 42 et suiv.)

Sous la seconde République, les affiliations royalistes prirent habilement un nom indiqué par les circonstances ; elles se donnèrent pour auxiliaire une *Association fraternelle des Amis de l'ordre*. Après le retour de l'ordre, comme autrefois après le rétablissement de la *monarchie légitime*, les compagnies et les sociétés, organisées pour un but qui semblait parfaitement atteint, n'en continuèrent pas moins de se maintenir en exercice. Cette persistance illogique finit par embarrasser assez l'action régulière des pouvoirs publics pour obliger le ministre de l'intérieur, M. Léon Faucher, de publier, en mars 1849, une circulaire, adressée à Messieurs les préfets, et dans laquelle on lisait les passages suivants :

« .... Les statuts de *l'Association fraternelle des Amis de l'ordre* me paraissent incompatibles avec le principe même de la Constitution comme avec les dispositions plus spéciales du décret rendu le 28 juillet 1848.

« Cette association, aux termes de ses statuts, est destinée à embrasser l'étendue de la France entière. Partout elle est soumise aux mêmes règles : elle compte dans chaque chef-lieu de département où elle a recruté des adeptes, un comité central, des sous-comités dans chaque arrondissement et dans chaque canton ; enfin, ces diverses réunions sont affiliées et correspondent entre elles.

L'Association des Amis de l'ordre se divise en légions, en centuries et décuries. Chacune de ces fractions a un chef hiérarchiquement subordonné au chef supérieur en grade, et recevant de lui un mot d'ordre ainsi qu'une direction. Chaque légion est commandée par un général et reçoit ainsi une organisation militaire.

« Au premier signal donné par les chefs et transmis d'échelon en échelon jusqu'aux membres des décuries, la Société entière peut se trouver rassemblée et prête à agir. Le secret est de rigueur pour les mots d'ordre et de ralliement, comme pour les

Juillet, les affiliations armées du royalisme ne cessèrent pas plus que la *fameuse congrégation* et toutes les sociétés héritières de l'*Institut philanthropique*, de travailler souterrainement pour le triomphe du parti légitimiste-clérical.

signes de reconnaissance. Les noms des sociétaires ne sont jamais écrits et l'emploi des fonds ne devient public dans aucun cas...

« L'*Association fraternelle des Amis de l'ordre* est donc une véritable société secrète, qui ne pourrait prolonger son existence qu'au mépris des prohibitions formelles de la loi. L'autorité, avertie, ne saurait désormais rester inactive.

« Le gouvernement reconnaît tout ce qu'a de louable dans son but, et de bienveillant dans ses efforts, une association qui se propose uniquement la défense de l'ordre; mais en même temps il proclame que cette défense appartient aux pouvoirs réguliers de la société, et qu'en dehors de ces pouvoirs elle est impossible.

« Le gouvernement ne doit pas tolérer de la part de ses amis ce qu'il interdit à ses adversaires... Justement alarmé des tentatives de l'association qui s'intitule SOLIDARITÉ RÉPUBLICAINE, il s'est hâté de prendre des mesures pour la dissoudre; il ne permettra pas davantage aux amis de l'ordre de former ni de maintenir une association contraire aux lois. Si ces lois pouvaient être éludées à la faveur d'un prétexte honorable, si une organisation aussi puissante était tolérée, dès demain l'on verrait s'établir une organisation plus vaste encore, sur les mêmes bases, mais dans un but d'agitation et de désordre. Chaque parti élèverait la prétention de *former un État dans l'État*; CE SERAIT LA GUERRE CIVILE...

« Je ne doute pas qu'avertis du danger et de l'illégalité de cette organisation, ils (les affiliés) ne s'empressent de faire acte de patriotisme *en rentrant dans le droit commun*. S'il en était autrement, ce que je verrais avec regret, votre devoir serait de saisir le ministère public de cette infraction aux lois et de provoquer des poursuites. » (*Moniteur* du 8 mars 1849, p. 756.)

Évidemment, l'*Association fraternelle des amis de l'ordre*, s'obstinant *à former un État dans l'État* après le retour de l'ordre, représentait parfaitement l'association des *fils légitimes* ou des *fidèles*, militairement organisée sous la première République. Les compagnies, composées de royalistes *éprouvés*, et chargées de faire marcher aux élections et voter pour la bonne cause les *tièdes* et les *indifférents* de l'*Institution philanthropique*, n'avaient pas cessé d'exister sous les noms de sociétés ou légions de *Saint-Hubert*, de *Saint-Patient*, de *Ligue fédérale*, etc., etc., et de se tenir prêtes à employer le *moyen militaire* au premier signal venu d'un comité central dont la suprême influence enveloppait également les pieux affiliés des congrégations et les timides et confiants philanthropes des sociétés de Saint-Joseph, de Saint-Vincent-de-Paul, etc., etc., plus ou moins exposés à devenir de vrais *conspirateurs sans le savoir.*

La circulaire de M. Léon Faucher, prescrivant la dissolution immédiate de l'*Association fraternelle des Amis de l'ordre,* fut-elle suivie d'une prompte et facile exécution? Les conservateurs affiliés à cette corporation secrète et armée renoncèrent-ils docilement à leur organisation clandestine et laissèrent-ils au pouvoir régulier seul l'exercice de l'autorité publique et la direction des forces sociales?

Le *Moniteur* n'a rien révélé à cet égard. Mais le journal officiel et toute la presse quotidienne avec lui, nous apprirent, peu après la circulaire du 8 mars 1849, que si les *philanthropes* de la première République et les *congréganistes* de la Restauration avaient pu se perpétuer et se multiplier, à l'ombre de saints patronages et sous l'influence des serres-chaudes du fanatisme religieux et politique, les *fidèles,* mystérieusement enrôlés et enrégimentés pour les coups de mains qu'un invisible comité pouvait juger nécessaires à la cause de l'autel et du trône, n'avaient pas cessé non plus d'exister, de se propager et de se préparer avec activité pour le recours éventuel au *moyen militaire.*

Nous lisons dans le réquisitoire d'un magistrat de Paris, M. Dupré-Lassalle, les détails qui suivent:

« De 1832 à 1847, des mouvements légitimistes s'étaient perpétués dans la Normandie, comme un dernier retentissement de l'insurrection vendéenne.....

« Une association s'était formée, affectant une forme militaire, promettant à ses affiliés des soldes, des grades et des récompenses. Elle avait à sa tête un homme qui habitait dans les environs de Falaise, qui se disait ancien a de de camp du général Bourmont, et qui avait nom Ajutor Dubuisson...

« Depuis la Révolution de 1848 Dubuisson renoua ses menées du fond de la Belgique, où il s'était réfugié: il sut, à l'aide de correspondances multipliées, établir soit à Paris, soit en Normandie, des centres d'association qui se liaient les uns aux autres, et dont il tenait tous les fils.

« Le but était de combattre tous les gouvernements, quels qu'ils fussent, pour rétablir la branche aînée des Bourbons.

« L'association avait une organisation militaire; elle était divisée par divisions, brigades et bataillons. Une prime de cinquante centimes était donnée par engagement. Ceux qui parvenaient à réunir un nombre d'individus suffisant pour former une compagnie ou un bataillon, en gardaient le commandement.

« On promettait une solde qui variait depuis le moindre soldat jusqu'au grade de colonel. Des primes en argent étaient promises pour le jour de l'entrée en campagne! ces primes s'élevaient depuis 800 francs pour les capitaines jusqu'à 20,000 fr. pour les colonels, et enfin des rentes viagères devaient être accordées, suivant les grades, à ceux qui se présenteraient le jour du commencement des opérations. On avait institué en outre un nouveau grade en dehors de la hiérarchie connue; c'était celui de colonel supérieur.

« La correspondance saisie cachait les menées de la société par des termes de commerce, par *patron* on entendait le COMTE DE CHAMBORD, etc., etc. » (*Journal des Débats*, 12 août 1853.)

L'insaisissable Dubuisson n'était pas, du reste, le seul organisateur de compagnies occultes destinées à provoquer ou à favoriser, à main armée, le rétablissement des Bourbons. Quelques mois après la circulaire de M. Léon Faucher, le 26 novembre 1849, la police arrêtait rue Rumfort, chez un ancien garde du corps, M. Patras de Campaigno, quarante-six personnes faisant partie d'une société secrète constituée sous le nom de *Légion de Saint-Hubert* :

« Cette légion, disait l'acte d'accusation, devait se subdiviser en plusieurs bataillons, et chaque bataillon en dix compagnies de cent hommes chacune, non compris les officiers et sous-officiers. Les statuts de cette association avaient été saisis chez le principal accusé, avec la formule du serment, qui était ainsi conçue : « *Nous jurons devant Dieu de mettre notre vie à la disposition de* HENRI DE BOURBON, *notre roi légitime, et de la sacrifier plutôt que de trahir notre serment.* »

Les accusés avouèrent tous avoir fait partie du premier bataillon de la légion ; mais presque tous aussi, à l'exemple de l'aumônier du corps, l'abbé Matalène, prétendirent ne s'être rendus aux réunions de la Société que pour se mettre à la disposition de l'*Union électorale.* C'était bien là, en effet, une partie du rôle complexe réservé anciennement aux compagnies des *fidèles* et des *fils légitimes* dans l'organisation révélée par Duverne de Presle. Le jury déclara coupables et la cour condamna à l'emprisonnement Patras de Campaigno, l'abbé Matalène et tous leurs complices, sur les conclusions de M. l'avocat-général Suin. (*Journal des Débats* des 28 et 29 mars 1850.)

Pendant que la cour d'assises constatait l'existence de la

Légion de Saint-Hubert, les manœuvres actives d'autres associations légitimistes provoquaient de nouvelles poursuites et ramenaient devant la justice, à la fin de septembre 1850, l'infatigable et introuvable Dubuisson, toujours représenté par de nombreux complices. Un acte d'accusation dressé contre trente accusés signalait la marche, les moyens et le but de toutes ces associations aboutissant à un centre commun. On lisait dans cet acte :

« L'unité d'action de ces diverses associations une fois constatée, les instructions qui avaient été commencées dans différentes villes, furent réunies à celle commencée à Paris, etc., etc.

« Des pièces et des correspondances saisies chez presque tous les prévenus résultent les faits géné aux suivants : Dans chacune des villes où les associations avaient été organisées, se trouvaient des chefs chargés de multiplier, autant que possible, les affiliations, et de dresser ensuite les listes des personnes qui consentaient à faire partie de la société ; ces listes étaient envoyées au *chef commun*, qui habituellement en accusait réception...

« ... Quant à la provenance des fonds distribués, il a été établi que ces fonds étaient envoyés de l'étranger, de Bruxelles presque exclusivement, où résidait celui qui se présentait comme chef de l'association. De plus... on promettait, au nom du prétendant désigné sous le nom de *patron*, et qui n'est autre que le duc de bordeaux, des récompenses qui, en outre d'une solde payée régulièrement en cas de guerre, étaient promises à ceux qui se trouveraient prêts à prendre part à la manifestation qui pourrait avoir lieu... »

L'acte d'accusation, en reconnaissant que l'instruction ne démontrait pas suffisamment que les inculpés se fussent *entendus sur le moment et le mode d'action*, établissait comme non déniée et incontestable *l'organisation militaire* des affiliés, obéissant à des chefs qui eux-mêmes correspondaient avec un *chef unique*. Les principaux accusés, au nombre de douze, furent déclarés coupables par le jury et condamnés à l'emprisonnement par la cour d'assises. (*Journal des Débats* des 28 et 29 septembre 1850).

A cette même époque, le comte de Chambord renouvelant à Wiesbaden les réceptions solennelles de Belgrave-Square, on vit apparaître un manifeste portant la signature de M. de Barthélémy, et qui constatait la permanence d'une agence suprême du royalisme. Les feuilles légitimistes s'étonnèrent de la surprise qu'excitait cette apparition, attendu, disaient-elles, que le manifeste ne renfermait rien qui ne fût *connu depuis longtemps*. Elles ajoutèrent, à l'exemple des *légionnaires de Saint-Hubert* et des affiliés de *la ligue fédérale*, que l'écrit revêtu de la signature de l'un des principaux membres du parti royaliste et clérical n'était qu'*une circulaire électorale*.

« Nouveauté ou vieillerie, répondirent les organes de la démocratie, manifeste princier ou circulaire électorale, qu'importe? L'écrit que M. Barthélémy a laissé publier avec sa signature constate deux faits qui ne sont point déniés, savoir :

« 1° Que le *prétendant* de la branche aînée des Bourbons repousse l'appel au peuple;

« 2° Que tout en se réservant la direction personnelle de la politique générale de son parti, il a délégué l'exercice de son autorité suprême à MM. de Lévis, Pastoret, Berryer, de Saint-Priest et des Cars. »

Trois ans après, la *Ligue fédérale* comparaissait de nouveau devant la justice criminelle de la Seine, et l'organe du ministère public disait au tribunal :

« Les faits que nous poursuivons aujourd'hui ne sont que la suite et la répétition de ceux poursuivis en 1847 et condamnés en 1850. Le personnel est nouveau, mais c'est la même société, la même organisation, les mêmes chefs; ce sont enfin les mêmes manœuvres, plus coupables seulement par leur persistance et leur récidive.

« Quand Dubuisson est questionné sur la part qu'à un moment donné pourra prendre le prince (M. le comte de Chambord), Dubuisson répond : « Le comte doit paraître se reposer « sur son droit; il faut surtout qu'il évite de poser en conspi- « rateur. Il y a, pénétrez-vous en bien, deux politiques : l'une « officielle, l'autre cachée. » Enfin, dans cette lettre, peu s'en faut que Dubuisson ne dise qu'il est résigné d'avance à recevoir constamment désaveu sur désaveu.....

« Voilà le secret de la politique du parti légitimiste : se poser comme l'image vivante de l'ordre politique et susciter partout le désordre; prêcher le suffrage universel et résister à ses plus éclatantes manifestations; se vanter de son patriotisme et sans cesse appeler sur le pays de nouveaux malheurs avec de nouveaux troubles. C'est mettre entre ses actes et ses doctrines trop de contradictions; c'est se condamner à une perpétuelle dissimulation.

« On invoque la guerre civile, on voudrait en recueillir les bénéfices sans en prendre la responsabilité. On voudrait, sans efforts et sans dangers, être appelé comme une dernière espérance par ceux qui auraient survécu à une nouvelle Terreur, et l'on oublie que depuis soixante ans la France, toujours sauvée par les Bonaparte, préfère désormais ceux qui ont su combattre l'anarchie face à face et en préserver notre patrie. »

M. l'avocat impérial lut ensuite diverses lettres de Dubuisson, dans l'une desquelles se trouvait ce passage, relatif à la fusion des deux branches des Bourbons :

« Vous désirez que je vous parle de la fusion. C'est facile. Je vous ai toujours dit que Changarnier, entre autres, cherchait à opérer la fusion, et cela pour se rendre important ou s'épargner des inquiétudes d'une guerre civile. Mais je vous le dis, moi, il n'y aura jamais de fusion. La fusion, telle que l'entendent les d'Orléans, est une spoliation, une turpitude, un abandon des droits, de l'honneur, du principe. Ils pourront tuer le fils, comme ils ont tué le père, mais ils ne le déshonoreront pas ; et s'ils tuent le fils, moi je tuerai tous les d'Orléans jusqu'au dernier, et ils monteront sur l'échafaud, et derrière moi il y a dix mille amis qui tiendront mon serment si je succombe. » (*Journal des Débats* du 12 août 1853.)

Le même jour, 11 août 1853, ce débat si instructif se termina par la condamnation de Debuisson et d'une vingtaine de ses complices.

Un peu plus tard, une information judiciaire, provoquée par un grand crime commis dans le Midi, vint mettre en évidence une nouvelle affiliation légitimiste, soigneusement pourvue d'un céleste patron. Le maire d'Uzès, M. de Dampmartin, avait été assassiné en montant en voiture, et, pour assurer le châtiment de l'assassin, le ministère public se crut obligé de demander à la Cour suprême que la cause fût portée devant une autre juridiction criminelle que celle du Gard.

« L'information, disait le procureur général, ne laisse aucun doute sur le caractère politique du crime qu'il s'agit de punir. M. de Dampmartin personnifiait à Uzès la fraction modérée du parti légitimiste. Possesseur d'une grande fortune, dévoué avant tout à la cause de l'ordre, il avait prêté un concours loyal et désintéressé aux divers gouvernements qui se sont succédé en France dans le cours de ces dernières années. Monnet (l'accusé), au contraire, était le séide bien connu de cette fraction exaltée du parti légitimiste qui, à toutes nos époques de troubles, avait donné de sérieux embarras à l'autorité : *aussi était-il un des dignitaires de la* Société de Saint Patient, *exclusivement composée d'hommes de cette nuance; et qui vient d'être fermée par décision administrative comme dangereuse pour l'ordre public.* »

La cour de cassation renvoya la cause devant les assises de la Drôme, où le crime de Monnet fut reconnu constant et puni selon toute la rigueur des lois.

Après tant de révélations successives, depuis plus de soixante ans, sur la persistance du parti légitimiste à organiser des groupes, des corps armés et des sociétés politiques, sous les dehors de la religion ou de la philanthropie, peut-on s'étonner que M. le ministre de l'intérieur ait été amené à signaler des abus et des dangers dans les formes adoptées et les moyens employés aujourd'hui par des sociétés de bienfaisance non légalement autorisées? La France entière a compris M. de Persigny et donné une complète adhésion à son ferme langage, quand il a dit, dans sa circulaire du 16 octobre :

« Si les conférences locales de Saint-Vincent-de-Paul ont droit à toute la sympathie du gouvernement, j'ai le regret de dire qu'il n'en est pas de même de ces conseils ou comités provinciaux qui, sous l'apparence d'encourager les efforts particuliers des diverses conférences, viennent chaque jour davantage s'emparer de leur direction, les dépouillant du droit de choisir elles-mêmes leurs présidents et leurs dignitaires, et s'imposant ainsi à toutes les sociétés d'une province, comme pour les faire servir d'instrument à une pensée étrangère à la bienfaisance.

« Quant au conseil supérieur, siégeant à Paris, le gouvernement ne saurait approuver l'existence de cette espèce de comité directeur qui, sans être nommé par les sociétés locales, se recrutant de lui-même et de sa seule autorité, s'arroge le droit de les gouverner pour en faire une sorte d'association occulte dont il étend les ramifications au delà de la frontiere de la France, et qui prélève sur les conférences un budget (1) dont l'emploi reste inconnu. »

Un avertissement aussi solennel sur des faits d'une aussi haute gravité ne pouvait manquer de soulever d'amères et bruyantes protestations. Les philanthropes politiques, se sentant frappés au cœur, ont crié les premiers. Leurs journaux ont appelé la liberté privilégiée au secours de la charité abusée ou travestie. Ils se sont efforcés de faire croire que la bienfaisance était menacée de proscription dans la patrie de Vincent-de-Paul, parce qu'elle était respectueusement invitée à se soumettre au droit commun, à donner les noms de ses fidèles et de ses pontifes et à se tenir en garde contre des alliances malfaisantes.

Mais ces ridicules efforts n'ont fait que convaincre de plus en

---

(1) Le royalisme l'appelle *le budget de la pauvreté*, le fonds de soulagement de 400,000 *malheureux*. Si c'était réellement *la pauvreté* qui fût atteinte par la circulaire de M. de Persigny, l'irritation des riches philanthropes de *la fusion* serait moins profonde, moins vive et moins persistante.

plus le pays de la nécessité des sages précautions prises par M. le Ministre de l'Intérieur. Tout le monde, en voyant le parti politico-clérical se déchaîner avec tant de violence contre des mesures si simples et si légitimes, tout le monde a pu se rappeler ces mémorables paroles de Royer-Collard, en face d'une *faction* souterrainement envahissante et très-proche parente des affiliations réactionnaires de ce temps-ci :

« Je ne lui demanderai pas qui elle est, d'où elle vient et où elle va : ELLE MENTIRAIT !

« Je la juge par ses œuvres..... Dans la religion, dans la société, dans le gouvernement, elle retourne en arrière. Qu'on l'appelle *la contre-révolution* ou autrement, peu importe, ELLE RETOURNE EN ARRIÈRE. » (*Vie de Royer-Collard*, par M. DE BARANTE, t. II, p. 297.)

Après trente-cinq ans de progrès nouveaux, après les deux grandes révolutions de 1830 et 1848, la faction rétrograde est toujours là, plus obstinée, plus remuante, plus audacieuse que jamais. Fière de ses *fidèles* désintéressés ou soudoyés et de ses *philanthropes* dociles au vote et exacts au tribut, elle semble conduite encore par les ombres sinistres des généraux félons, Pichegru et Moreau, dont l'épée s'entrelaçait si bien avec la crosse des prélats émigrés, Conzié et autres réfractaires ; et, comme au temps des *libéraux* de Clichy, Vaublanc, Pastoret, Siméon, etc., elle invoque la reine de l'avenir, LA LIBERTÉ, *pour retourner plus sûrement et sans frein* EN ARRIÈRE !

Heureusement la France de 89 aussi est toujours là ! avec la volonté et la puissance de marcher en avant !

Paris, imprimerie de L. TINTERLIN, 3, rue Neuve-des-Bons-Enfants.

9 782013 389730